BEI GRIN MACHT SICH IHR
WISSEN BEZAHLT

- Wir veröffentlichen Ihre Hausarbeit,
  Bachelor- und Masterarbeit

- Ihr eigenes eBook und Buch -
  weltweit in allen wichtigen Shops

- Verdienen Sie an jedem Verkauf

**Jetzt bei www.GRIN.com hochladen
und kostenlos publizieren**

GRIN

Bibliografische Information der Deutschen Nationalbibliothek:

Die Deutsche Bibliothek verzeichnet diese Publikation in der Deutschen National-bibliografie; detaillierte bibliografische Daten sind im Internet über http://dnb.d-nb.de/ abrufbar.

Impressum:

Copyright © 2014 GRIN Verlag, Open Publishing GmbH
Druck und Bindung: Books on Demand GmbH, Norderstedt Germany
ISBN: 9783668349391

Lisa Guhl

Das Marketing-Konzept des öffentlich-rechtlichen Radiosenders SWR3

Ein Erfolgskonzept?

GRIN Verlag

FOM Hochschule für Oekonomie & Management Essen
Standort Düsseldorf

Berufsbegleitender Studiengang zum
Bachelor of Arts International Management

5. Semester

Seminararbeit in Medien- und Kommunikationsindustrie

Das Marketing-Konzept des öffentlich-rechtlichen Radiosenders SWR3 – ein Erfolgskonzept?

Abgabedatum: 5. Juli 2014

Inhaltsverzeichnis

Abkürzungs- und Symbolverzeichnis

§	Paragraph
%	Prozent
AC	Adult Contemporary
ARD	Arbeitsgemeinschaft der öffentlich-rechtlichen Rundfunkanstalten der Bundesrepublik Deutschland
AS&S	ARD-Werbung Sales & Services
bzw.	beziehungsweise
CD	Compact Disc
d. h.	das heißt
ebd.	ebenda
et al.	et alii
f.	folgende Seite
ff.	folgende Seiten
ggfs.	gegebenenfalls
GmbH	Gesellschaft mit beschränkter Haftung
lat.	lateinisch
o. g.	oben genannte
RStV	Rundfunkstaatsvertrag
SDR	Süddeutscher Rundfunk
SWF	Südwestfunk
SWR	Südwestrundfunk

SWR3	Dritter Südwestrundfunk
TV	Television
vgl.	vergleiche
WHK	Weitester Hörerkreis
z. B.	zum Beispiel

Abbildungsverzeichnis

1 Einleitung

Als dritter Radiosender des Südwestrundfunks (SWR) agiert „SWR3 – Deutschlands meistgehörtes öffentlich-rechtliches Radio" (SWR Media Services 1: 3) auf dem Hörfunkmarkt. Radio als Synonym für Hörfunk bildet zusammen mit dem Fernsehen als elektronisches Massenmedium den Rundfunk. Unter dem Begriff „Radio" (lat. „radius" - der Strahl) wird sowohl das technische Empfangsgerät als auch das Medium selbst verstanden (vgl. Wirtz 2013: 495ff.). Die vorliegende Arbeit behandelt Radio als Hörfunksender mit seinem Produkt bestehend aus Information und Unterhaltung.

Im Gegensatz zu konsum- oder industriegüterproduzierenden Unternehmen agieren Medienunternehmen im Allgemeinen auf einem dualen Markt: dem Rezipienten- und dem Werbemarkt. Es entsteht ein Konflikt zwischen publizistischen Ansprüchen und ökonomischen Zielsetzungen. Wird zusätzlich die gesellschaftliche und politische Bedeutung betrachtet, stellen sich besondere Anforderungen an das Marketing. Auch wenn der Werbemarkt bei einem öffentlich-rechtlichen Sender wie SWR3 eine weniger große Rolle spielt als bei privatwirtschaftlichen Sendern, so gelten diese besonderen Anforderungen dennoch für SWR3 als Medienunternehmen. Durch die Einführung des dualen Rundfunksystems und die fortschreitende Digitalisierung herrscht auf dem Radiomarkt eine hohe Rivalität unter den Wettbewerbern (vgl. Pezoldt/Sattler 2009: 1/29). Dennoch stellt sich die Frage, ob öffentlich-rechtliche Sender durch ihre Gebührenfinanzierung überhaupt im Wettbewerb stehen und daher eines Marketings bedürfen. Ein weiteres Problem ergibt sich bezüglich der Marktfähigkeit von frei empfangbaren Hörfunkprogrammen wie SWR3. Im Gegensatz zur Werbung, welche als privates Gut voll marktfähig ist, handelt es sich beim Programm selbst um ein nicht marktfähiges öffentliches Gut. Nichtausschließbarkeit vom Konsum (kein Rezipient kann an der Nutzung gehindert werden) und Nichtrivalität im Konsum (Inhalte nutzen sich durch Konsum nicht ab) führen dazu, dass Preisforderungen durch fehlende Eigentumsrechte nicht durchgesetzt werden können (vgl. Wirtz 2013: 42/496; Heinrich 2010: 26). Daraus ergibt sich die Frage, wie ein solches Gut erfolgreich vermarktet werden könnte.

Das Ziel der vorliegenden Arbeit besteht darin, diese Fragen zu beantworten, sowie das Marketingkonzept des öffentlich-rechtlichen Radiosenders SWR3 zu analysieren. Abzuprüfen ist, ob hier wirksames Marketing betrieben werden kann und was den Sender

1

bislang erfolgreich macht. Dabei werden, ausgehend von einer Betrachtung des Radio-marktes, SWR3 als öffentlich-rechtlicher Sender mit seinen Zielen vorgestellt, sowie dessen Marketing-Instrumente aufgezeigt und analysiert. Aus wissenschafts-ökonomischen Gründen wird dabei auf eine vergleichende Analyse mit einem privatwirtschaftlichen Sender verzichtet. Lediglich auf grundsätzliche und für diese Arbeit relevante Unterschiede wird eingegangen.

2 Öffentlich-rechtlicher Hörfunkmarkt

In Deutschland hat der öffentlich-rechtliche Rundfunk eine historische Bedeutung und daher einige Besonderheiten.

2.1 Nutzung des Mediums Radio

In Deutschland gibt es mehr als 380 Radiosender, davon sind 226 privatwirtschaftliche und 63 öffentlich-rechtliche Programme. Im Jahr 2011 gab es „fast dreißigmal so viele Anbieter am Markt wie noch vor 20 Jahren" (vgl. Statista 1; Wirtz 2013: 497). Das älteste elektronische Medium ist auch heute noch relevant. So hören 80,7 %[1] der Deutschen mehrmals in der Woche Radio; im für diese Arbeit relevanten Hauptsendegebiet Baden-Württemberg und Rheinland-Pfalz sind es 79,0 bzw. 80,3 %. Laut Media Analyse 2014/I hören 39,7 Millionen Menschen (54,1 %) ein öffentlich-rechtliches und 32,3 Millionen (44,0 %) ein kommerzielles Programm. Die öffentlich-rechtlichen Sender konnten ihre Spitzenposition zum vierten Mal in Folge ausbauen und erreichen damit den besten Wert seit 1992 (vgl. ARD Intern 1; Mediendaten Südwest 1). Teilt man die tägliche Gesamthördauer in Deutschland von 199 Minuten[2] in verschiedene Altersklassen ein, so lässt sich feststellen, dass die 30- bis 49-Jährigen mit 227 Minuten am längsten Radio hören, gefolgt von der Generation 50+ mit 211 Minuten. Lediglich die 10- bis 29-Jährigen hören mit 141 Minuten weniger Radio pro Tag. Dennoch ist bei dieser Zielgruppe die Reichweite insgesamt auf 71,6 % gestiegen. Auch die o. g. Hördauer ist für das Radio insgesamt trotz der Konkurrenz von Internet und Fernsehen gestiegen (vgl. ARD Intern 1; Mediendaten Südwest 2). Obwohl sich die Radionutzung in den letzten Jahren vermehrt von häuslicher auf mobile Nutzung verlagert hat, bleibt sie insgesamt auf hohem Niveau stabil (vgl. Wirtz 2013: 497). Dies lässt sich damit begründen, dass Radio ein schnelles, überall empfangbares und zuverlässiges Medium ist.

2.2 Marketing im dualen Rundfunksystem

Der Begriff „Marketing", abgeleitet vom Englischen „market", bedeutet Markt bzw. Vermarktung. Er beinhaltet alle auf den Absatzmarkt gerichteten unternehmerischen Aktivitäten und stellt den Kunden „mit seinen Wünschen und Bedürfnissen in den Mit-

---

[1] Basis: Deutschsprachige Bevölkerung ab 10 Jahren, Montag bis Sonntag, 5.00 bis 24.00 Uhr.
[2] Basis: Deutschsprachige Bevölkerung ab 10 Jahren, Montag bis Freitag, 5.00 bis 24.00 Uhr.

telpunkt" (Pezoldt/Sattler 2009: 15). Wie bereits erwähnt sind die Marktstrukturen im Hörfunkmarkt besonders. Seit 1984 besteht in Deutschland ein duales Rundfunksystem, in dem es neben den öffentlich-rechtlichen auch privatwirtschaftliche Rundfunkanbieter gibt (vgl. ebd.: 11). Die öffentlich-rechtlichen Anbieter haben dabei die Aufgabe, die Grundversorgung der Bevölkerung und die Meinungsvielfalt zu gewährleisten (im Detail siehe Kapitel 3.1). Dies begründet die Gebührenfinanzierung des öffentlich-rechtlichen Rundfunks und führt dazu, dass es in theoretischer Hinsicht keinen ökonomischen Wettbewerb gibt, da ein öffentlich-rechtlicher Rundfunkveranstalter nicht insolvent werden kann. Ein Marktaustritt ist somit ausgeschlossen; vielmehr wird sogar der „Bestand des öffentlich-rechtlichen Rundfunks mit der mangelnden Funktionsfähigkeit des privaten Rundfunks [begründet], der allein nicht in der Lage sei, einen umfassenden Rundfunkauftrag zu gewährleisten" (Heinrich 2010: 87). Diese Bestands- und Entwicklungsgarantie wirft die Frage auf, warum ein Unternehmen, welches im Prinzip keiner Konkurrenz ausgesetzt ist und nicht Konkurs gehen kann, überhaupt Marketing betreiben solle (vgl. auch RStV § 12). Doch gerade seit Einführung des dualen Rundfunksystems und damit der Schaffung eines Marktes mit Wettbewerb sowohl in ökonomischer als auch in publizistischer Hinsicht wurde die „mediale Monopolstellung" des öffentlich-rechtlichen Rundfunks beendet (vgl. Warsitz 2004: 53). Die Rezipienten können nun aus einer größeren Angebotsvielfalt wählen. In der Theorie werden sie das Angebot wählen, welches am besten geeignet ist, ihre subjektiven Bedürfnisse zu befriedigen. Hier setzt das Marketing an, indem „eine aus der subjektiven Sicht des Kunden im Vergleich zur Konkurrenz überlegene Leistung zur Bedürfnisbefriedigung nach dem ökonomischen Prinzip" (Vollert 2006: 325) angeboten und vermarktet werden soll. Hinzu kommt der erhöhte Anspruch an eine „Vollversorgung der Bevölkerung nach Umfang, Qualität und Reichweite" (Markuse 2006: 342), welcher aber nur erfüllt werden kann, wenn die Programme auch genutzt bzw. akzeptiert werden. Um die Funktionsfähigkeit des Systems zu gewährleisten, müssen auch öffentlich-rechtliche Rundfunksender Marketing betreiben, d. h. sich "bemühen, dass ihre Programme das Publikum finden" (Warsitz 2004: 54). Somit ist auch für sie eine Ermittlung und ggfs. Steigerung des Erfolges auf dem Markt durch Marketingaktivitäten relevant. Da die Programmqualität aber im Vordergrund bleiben muss, darf die „Publikumsbindung und –gewinnung nicht um jeden Preis erfolgen…[und] das Marketing [muss] dem Programminhalt folgen" (vgl. ebd.: 62/82). Wie dies in der Praxis umgesetzt werden kann, wird in den folgenden Kapiteln behandelt.

3 SWR3 als öffentlich-rechtlicher Radiosender

Nachfolgend soll aufgezeigt werden, was SWR3 als dritten Sender des Südwestrundfunks ausmacht und welche Ziele er verfolgt.

3.1 Entstehung und Entwicklung

Mit der Neuausrichtung des Rundfunksystems nach dem Zweiten Weltkrieg entstand 1946 in der französischen Zone der SWF (vgl. Haas et al. 1991: 46). Im Jahr 1997 fusionierte der SWF mit dem SDR zur neuen öffentlich-rechtlichen Rundfunkanstalt SWR, die als Zweiländeranstalt das Sendegebiet in Baden-Württemberg und Rheinland Pfalz abdeckt und ein Vollprogramm im Fernseh-, Online- und Hörfunkbereich bietet. Als zweitgrößtes ARD-Medienunternehmen kommt dem SWR auch eine wichtige nationale Bedeutung zu (vgl. Staatsvertrag SWR Präambel; SWR Online 1). Dabei hat der SWR als öffentlich-rechtlicher Sender den Auftrag, eine freie individuelle und öffentliche Meinungsbildung zu fördern und „dadurch die demokratischen, sozialen und kulturellen Bedürfnisse der Gesellschaft zu erfüllen" (RStV § 11; Staatsvertrag SWR § 3). Seine „Angebote haben der Bildung, Information, Beratung und Unterhaltung zu dienen... [und er hat] Beiträge insbesondere zur Kultur anzubieten" (ebd.).

Der Hörfunksender SWF3 startete nach dem Vorbild von Bayern 3 als „Servicewelle" mit Verkehrsmeldungen, stündlichen Nachrichten und Unterhaltungsmusik (vgl. Dreßler 2007: 106). Heute ist SWR3 die „Popwelle" des SWR und steht mit einem 24-Stunden-Live-Programm seit Jahren als einer der wenigen Reichweitenmillionäre in der Spitze der deutschen Radioprogramme (vgl. SWR Online 2). SWR3 erzielt beständig eine Tagesreichweite[3] von rund 25 %[4] und liegt damit deutlich über den Werten der Senderfamilie (vgl. ARD Intern 2; Mediendaten Südwest 3/4). Eine detaillierte Reichweitenaufstellung zeigt folgende Abbildung:

---

[3] Tagesreichweite gibt an, wie viele Personen an einem durchschnittlichen Tag einen Sender gehört haben, mindestens ein paar Minuten innerhalb der kleinsten Nutzungseinheit ¼ Stunde (vgl. Dreßler 2007: 120).
[4] Basis: Deutschsprachige Bevölkerung ab 10 Jahren, Montag bis Freitag, 5.00 bis 24.00 Uhr.

SWR3											Mediazahlen, Montag – Freitag				
											Reichweiten ma 2014.I, Hochrechnung in TSD				
Sendezeit	BRD Gesamt	Männer	Frauen	10–19 Jahre	20–29 Jahre	30–39 Jahre	40–49 Jahre	50–59 Jahre	60–69 Jahre	70 + Jahre	Ba.-Wü.	Rh.-Pf.	N.R.W.	Hessen	Bayern
05 – 06 Uhr	597	355	242	42	74	85	210	148	31	7	376	115	48	24	22
06 – 07 Uhr	1.406	760	646	201	162	220	454	269	70	30	818	280	139	81	61
07 – 08 Uhr	1.644	857	788	148	219	299	481	289	120	87	971	311	184	86	67
08 – 09 Uhr	1.303	667	636	56	157	228	386	230	128	118	779	240	144	62	54
09 – 10 Uhr	1.092	562	530	52	148	181	298	192	109	113	659	210	102	48	52
10 – 11 Uhr	945	488	456	49	127	151	272	179	89	78	575	190	89	35	37
11 – 12 Uhr	977	509	468	52	130	153	273	179	100	90	575	208	85	47	44
12 – 13 Uhr	1.113	597	516	74	147	194	312	204	103	79	673	224	101	47	46
13 – 14 Uhr	1.055	572	483	106	153	157	293	186	98	62	638	205	100	54	37
14 – 15 Uhr	1.006	546	460	116	137	173	282	172	82	43	616	207	90	44	29
15 – 16 Uhr	985	551	435	128	146	156	258	181	75	41	579	212	91	43	37
16 – 17 Uhr	1.082	634	448	116	175	180	300	202	75	33	635	215	108	49	56
17 – 18 Uhr	1.052	603	449	101	161	163	317	202	76	32	629	207	107	38	52
18 – 19 Uhr	750	379	370	90	104	110	213	147	53	32	488	132	65	29	24
Ø Std.	1.150	618	532	102	157	190	329	209	95	68	683	228	114	54	49
WHK	11.095	5.973	5.122	1.211	1.550	1.565	2.564	1.952	1.150	1.104	5.373	1.871	1.581	850	962

Quelle: SWR Media Services 1: SWR3 Mediaprofil 2014: 6.

Abbildung 1: SWR3 Hörer pro Stunde und weitester Hörerkreis

Insgesamt hat der Sender mehr als eine Million Hörer pro durchschnittlicher Stunde[5] und einen WHK[6] von mehr als elf Millionen Menschen[7]. Des Weiteren lässt sich festhalten, dass unter den Hörern etwas mehr Männer als Frauen vertreten sind und ein Alter von 20 bis 59 Jahren überwiegt. Außerdem verzeichnet SWR3 nicht nur zahlreiche Hörer im Kernsendegebiet, sondern darüber hinaus noch in drei weiteren Bundesländern. Auch samstags zeichnet sich dieses Bild ab (vgl. SWR Media Services 1: 7). Damit gehört SWR3 zu den drei reichweitenstärksten Programmen Deutschlands und landete 2013 mit einem Zugewinn von 38.000 Hörern[8] unter den Top vier Gewinnern nach Veränderung der Bruttokontakte (vgl. Statista 2; Horizont 1/2).

3.2 Zielgruppe und Marketingziele

Der Sender SWR3 richtet sich an eine große und für Werbetreibende attraktive Kernzielgruppe: aktive und trendbewusste Erlebnis- und Leistungsorientierte 14- bis 49-Jährige. Rund 58 % der Hörer verfügen über ein Haushaltsnettoeinkommen von über 3.000 Euro und damit spiegelt das Programm „mitten im Leben und im Beruf stehende

---

[5] Hörer in der Durchschnittsstunde entsprechen der durchschnittlichen Stundenreichweite eines Senders (vgl. Pezoldt/Sattler 2009: 51).
[6] Weitester Hörerkreis umfasst alle Personen, die das Programm innerhalb der letzten 14 Tage gehört haben (vgl. ebd.).
[7] Basis: Deutschsprachige Bevölkerung ab 10 Jahren.
[8] Deutschland ab 10 Jahre, Hörer pro Durchschnittsstunde, Montag bis Freitag, 6.00 bis 18.00 Uhr, 66.957 Fälle.

Hörer mit hoher Kaufkraft, Junge und jung Gebliebene" wider (vgl. SWR Media Services 2; SWR Online 2). Durch das Image eines schnellen, frechen und innovativen Senders und der „richtige[n] journalistische[n] Mischung aus Information und Unterhaltung" soll vermehrt die jüngere Zielgruppe angesprochen werden (vgl. SWR Online 3). Dies wird auch im Slogan deutlich: „Mehr Hits, mehr Kicks, einfach SWR3" (SWR Online 2). Der Sender verspricht eine stärkere Betonung der Musik, hebt das besondere Erlebnis hervor und bleibt dennoch „einfach" und authentisch.

Neben allgemeinen Marketingzielen aller Radiosender wie der Steigerung der Hörer-bindung, der Pflege des Images und der Erhöhung des Bekanntheitsgrades hat SWR3 weitere Ziele definiert. Um der Herausforderung der Digitalisierung und Konvergenz der Medien erfolgreich begegnen zu können, möchte sich der Sender mit seinem Qualitätsprogramm an sämtliche Bevölkerungs- und Altersgruppen richten und verstärkt jüngere Menschen ansprechen (vgl. Haas et al. 1991: 722; Staatsvertrag SWR Präambel). Die Marketingmaßnahmen sollen abzielen auf „Authentizität, Emotionalität und das Stiften von Identifikation mit dem öffentlich-rechtlichen Rundfunk" und die Botschaft vermitteln: SWR3 ist ein „Innovationsmotor" (SWR Online 1/3). Aktuell belegt SWR3 bei der jungen Zielgruppe der 14- bis 29-Jährigen mit einer Reichweite von 225.000 Hörern pro Durchschnittsstunde den vierten Platz (vgl. Statista 5). Dieses Ergebnis soll gehalten bzw. ausgebaut werden. Alle dargelegten Ziele sollen im Marketing-Konzept berücksichtigt werden, welches „besagt, dass der Schlüssel zur Erreichung unternehmerischer Ziele darin liegt, ein Wertangebot für den Zielmarkt zu konzipieren und zu kommunizieren... [und] wirksamer... zu verwirklichen als die Wettbewerber" (Kotler et al. 2007: 21).

4 Marketing-Instrumente

Im Rahmen des Marketing-Konzeptes werden durch die Marketing-Instrumente die definierten Marketingziele unternehmensspezifisch erarbeitet und umgesetzt. Die Unterteilung erfolgt nach Meffert in vier Politiken (vgl. Bruhn 2013: 9; Sander 2006: 32).

4.1 Produktpolitik

Die Produktpolitik umfasst die Erstellung des Leistungsbündels für den Absatzmarkt und bildet mit dem Ziel der optimalen Ausrichtung an den Kundenbedürfnissen den Kern des Marketings. Dabei spielt gleichbleibende Qualität eine wichtige Rolle, da Hörfunkprogramme überwiegend Erfahrungs- und Vertrauensqualitäten aufweisen (vgl. Wirtz 2013: 131/541). SWR3 als öffentlich-rechtlicher Sender hat in diesem Zusammenhang besonders den Programmauftrag zu beachten. Durch das duale System hat er sein Programm jedoch verstärkt gegenüber den kommerziellen Anbietern zu positionieren. Dabei zwingen „medienpolitische und marktwirtschaftliche Veränderungen.. die Programm-Macher immer wieder zu Korrekturen ihrer Programmprofile" (Spang 2006: 29). Die folgende Abbildung zeigt das SWR3-Programmschema:

SWR3 — Programm-Raster, Stand Juli 2013

	Montag – Freitag	Nachrichten	Samstag	Nachrichten
5:00	**SWR3 Die Morningshow** Der beste Start in den Tag Aktuelle Infos, Gewinnspiele, Wetter, Service Verkehr und Comedy	5:00 5:30 6:00 6:30 7:00 7:30	**SWR3 Sunrise** Die Frühshow Mit den wichtigsten Infos der Nacht und den ersten News des Tages	5:00 6:00 7:00
8:00		8:00 8:30	**SWR3 Bis Zwölf** Die Vormittagsshow Gewinnspiele, Promi-News, Lifestyle, Arbeit, Kino & TV	8:00
9:00	**SWR3 Bis Zwölf** Die Vormittagsshow Gewinnspiele, Promi-News, Lifestyle, Arbeit, Kino & TV	9:00 10:00 11:00		9:00 10:00 11:00
12:00	**SWR3 Am Mittag** Politik, Boulevard, Sport, Medien, Wirtschaft und Verkehr Polit-Comedy, aktuelle Hörer-Abstimmungen	12:00	**SWR3 Am Mittag** Politik, Boulevard, Sport, Medien, Wirtschaft und Verkehr Polit-Comedy, aktuelle Hörer-Abstimmungen	12:00
13:00		13:00	**SWR3 Die Wochenendshow** Musiksendung mit aktuellen Hits, Musikwünschen & Grüßen	13:00
14:00	**SWR3 PopUp** Interaktive Show, mit viel Musik, Lifestyle, Promis, Comedy und Veranstaltungstipps	14:00 15:00		14:00 15:00
16:00	**SWR3 Die Nachmittagsshow** Zum Feierabend: Nachrichten, Verkehr, Comedy SWR3-Topthema gegen 17:40	16:00 17:00 18:00	**SWR3 Die Nachmittagsshow** Tipps zum Wochenende, Nachrichten, Verkehr, Comedy Bundesliga-Ergebnisse	16:00 17:00 18:00
19:00	**SWR3 Club** Geschichten vom Tag, Interviews & Talks mit Stars, CD der Woche, Pub-Quiz, Entfruster	19:00 20:00 21:00	**SWR3 Club – DanceNight** Die coolsten Sounds zum Abfeiern für die Party daheim	19:00 20:00 21:00

Quelle: SWR Media Services 1: SWR3 Mediaprofil 2014: 4.

Abbildung 2: SWR3 Programm-Raster

Bei der Programmgestaltung wird hier auf die Einhaltung des öffentlich-rechtlichen Auftrages geachtet: Information mit meist stündlichen Nachrichten, Politik, Wirtschaft und Sport bei „SWR3 Am Mittag" sowie dem „SWR3-Topthema", Bildung mit dem „Pub-Quiz"[9] oder dem „Lesezirkel"[10], Kultur mit Beiträgen zu Kino, Literatur und Religion und Unterhaltung mit eigener Comedy und Spielen (vgl. auch RStV § 2). Darüber hinaus wird das Innovationsziel z. B. mit der „CD der Woche" verwirklicht, da hier vorranging weniger bekannte Künstler und Newcomer präsentiert werden oder auch mit regelmäßigen Neuentwicklungen eigener Radio-Comedy. Diese innovativen und exklusiven Inhalte stärken die Hörerbindung und verschaffen dem Sender Wettbewerbsvorteile (vgl. Wirtz 2013: 518). Die jüngere Zielgruppe wird vermehrt im Programm angesprochen, z. B. bei der interaktiven Show „SWR3 PopUp", Interviews mit Stars, Veranstaltungstipps und der „SWR3 Club-Dance Night" am Samstagabend.

Das wichtigste Werkzeug der Produktpolitik ist die Programmformatierung, d. h. die Hauptbestandteile und zielgruppenspezifische Ausrichtung des Programms (vgl. Heinrich 2010: 420; Wirtz 2013: 516). Dabei spielt die Musikfarbe eine wesentliche Rolle, da „sich über die Musik ein Programm nachhaltiger im Hörermarkt positionieren lässt" (Warsitz 2004: 69). SWR3 hat hier das „Adult Contemporary" Format gewählt, welches sich an die Kernzielgruppe der 25- bis 49-Jährigen richtet und hauptsächlich Pop- und Rockmusik beinhaltet (vgl. Dreßler 2007: 106; Haas et al. 1991: 166; Warsitz 2004: 69). Der Sender setzt dies mit aktuellen Pophits und den größten Hits der 80er und 90er Jahre um und wählt damit die beliebteste Musikrichtung im Radio (vgl. Statista 1; SWR Media Services 1: 3). Als „Tagesbegleitprogramm" verhilft die Musik bei SWR3 dem Wort zur größeren Akzeptanz und Attraktivität und sie soll in Abgrenzung zu den meist „Mainstream"-orientieren privatwirtschaftlichen Sendern eine breitere Mischung bieten, z. B. durch Newcomer und Eigenentdeckungen (vgl. Warsitz 2004: 69). Ein weiterer wichtiger Bestandteil im Programm sind die Moderatoren, da sie neben der Musik zu den stärksten Bindungselementen an einen Sender zählen und als Person formatbildend wirken (vgl. Heinrich 2010: 420; Warsitz 2004: 71). SWR3 gelingt dies mit unverwechselbaren Persönlichkeiten, die ihre eigene Comedy

---

[9] Beim „Pub-Quiz" stellen Gäste verschiedener Irish Pubs der Region Fragen zur Allgemeinbildung und zu Nischenthemen an das Moderatorenteam, welches dann live gegen einen Anrufer aus der Hörerschaft spielt.
[10] Beim „Lesezirkel" stellt das Redaktions- und Moderatorenteam Bücher verschiedener Genres vor, die sie selbst gerade gelesen haben. Dabei geht es nicht um aktuelle Bestseller, sondern meist um Unbekanntes.

entwickeln sowie mit namenhaften Moderatoren wie Stefanie Tücking oder Anke Engelke.

4.2 Preispolitik

Als Marketing-Instrument entfällt die Preispolitik für den öffentlich-rechtlichen Sender weitestgehend, da wie eingangs bereits erwähnt Preisforderungen nicht durchgesetzt werden können (vgl. Warsitz 2004: 58; Wirtz 2013:140). Diese Problematik wird mit der Haushaltsabgabe als kollektiver Zwangsfinanzierung gelöst. Darüber hinaus darf sich der öffentlich-rechtliche Rundfunk teilweise durch Werbe- und sonstige Einnahmen finanzieren. Hier ergeben sich begrenzte preispolitische Möglichkeiten für SWR3, da Werbung im Umfang von „90 Minuten werktäglich im Jahresdurchschnitt" gesendet werden darf (vgl. RStV § 13/16; Staatsvertrag SWR § 8). Für die Werberaumleistung erfolgt eine Preisdifferenzierung nach Wochentag, Tageszeit und Reichweite (vgl. Wirtz 2013: 544). Diese sieht bei SWR3 wie folgt aus:

SWR3						Preisliste Nr. 17, gültig ab 1. Januar 2014
Sendezeit	Montag – Freitag Euro/1 Sek.	Montag – Freitag Euro/30 Sek.	Samstag Euro/1 Sek.	Samstag Euro/30 Sek.	Montag – Samstag Ø Euro/1 Sek.	Montag – Samstag Ø Euro/30 Sek.
05–06 Uhr	35,00	1.050,00	-	-	-	-
06–07 Uhr	132,00	3.960,00	40,00	1.200,00	116,67	3.500,00
07–08 Uhr	171,00	5.130,00	84,00	2.520,00	156,50	4.695,00
08–09 Uhr	132,00	3.960,00	138,00	4.140,00	133,00	3.990,00
09–10 Uhr	101,00	3.030,00	126,00	3.780,00	105,17	3.155,00
10–11 Uhr	78,00	2.340,00	105,00	3.150,00	82,50	2.475,00
11–12 Uhr	78,00	2.340,00	86,00	2.580,00	79,33	2.380,00
12–13 Uhr	78,00	2.340,00	81,00	2.430,00	78,50	2.355,00
13–14 Uhr	76,00	2.280,00	61,00	1.830,00	73,50	2.205,00
14–15 Uhr	69,00	2.070,00	49,00	1.470,00	65,67	1.970,00
15–16 Uhr	73,00	2.190,00	42,00	1.260,00	67,83	2.035,00
16–17 Uhr	100,00	3.000,00	47,00	1.410,00	91,17	2.735,00
17–18 Uhr	100,00	3.000,00	41,00	1.230,00	90,17	2.705,00
18–19 Uhr	52,00	1.560,00	33,00	990,00	48,83	1.465,00
Ø 06–18 Uhr	99,00	2.970,00	75,00	2.250,00	95,00	2.850,00

Quelle: SWR Media Services 1: SWR3 Mediaprofil 2014: 8.

Abbildung 3: SWR3 Werbepreisliste

Der teuerste Werberaum liegt montags bis freitags von sieben bis acht Uhr morgens, da das Programm hier die größte Reichweite hat. Am Samstag ist die gleiche Zeit für rund die Hälfte des Preises erhältlich; jedoch werden die nachfolgenden Sendezeiten dann teurer, da am Wochenende morgens später eingeschaltet wird. Generell finden sich die

höchsten Werbepreise zwischen sechs und zehn Uhr sowie 16 und 18 Uhr. Die werbe-
relevante Zielgruppe schaltet dann zu Hause vor der oder unterwegs auf dem Weg zur
Arbeit ein. Da der SWR Erträge nur für die Erfüllung seines gesetzlichen Auftrages der
unabhängigen Programmgestaltung nutzen darf, wurden kommerzielle Tätigkeiten in
die Tochtergesellschaft SWR Media Services GmbH ausgelagert, welche ihrerseits die
AS&S Radio GmbH mit der Werbeabwicklung beauftragt hat (vgl. Staatsvertrag SWR
§ 31; SWR Media Services 3; SWR Online 4). Mit der Mischfinanzierung aus
Haushaltsabgabe und Werbung werden die Hörer zum Kapital des Senders, da die
Werbung abhängig von der Hörerstruktur gebucht wird. Auch hier kommt SWR3 die
jüngere Zielgruppe zugute, welche für Werbetreibende besonders attraktiv ist. Der
Sender hatte mit 39,2 Millionen Euro von Januar bis Oktober 2013 einen der höchsten
Bruttowerbeumsätze in Deutschland (vgl. Statista 6). Er macht sich damit die Vorteile
seines Mediums zunutze, da Hörfunkwerbung im Vergleich zu anderen Medien als
besonders flexibel und günstig gilt und Radio durch seine starke Hörerbindung eine
große emotionale Komponente hat (vgl. Dreßler 2007: 112 f.; Kotler et al. 2007: 730).

4.3 Kommunikationspolitik

Radio ist zwar ein Massenmedium, beruht aber auf einem 1:1-Kommunikationsweg.
Der Hörer muss sich als Einzelperson angesprochen fühlen, damit eine Bindung zum
Sender entstehen kann. Kommunikation als Übermittlung von Informationen wird zur
zieladäquaten Steuerung von Meinungen und Verhalten der Rezipienten eingesetzt (vgl.
Bruhn 2013: 3; Haas et al. 1991: 88f.; Wirtz 2013: 144/549).

4.3.1 Marke

Eine Marke ist meist eine Kombination aus Namen, Zeichen und Symbol und dient der
Kennzeichnung eines Produktes bzw. einer Dienstleistung und der Differenzierung gegenüber Konkurrenzangeboten (vgl. Kotler et al. 2007: 509). SWR3 fügt sich mit
seinem Logo in die Dachmarkenstrategie des SWR ein und transportiert dabei als
Corporate Design die Markenpersönlichkeit des SWR. Damit wird das Ziel verfolgt,
eine Identifikation mit dem öffentlich-rechtlichen Rundfunk herzustellen. Zusätzlich ist
die Ausrichtung auf eine junge, erlebnisorientierte Zielgruppe erkennbar:

Quelle: SWR Online 2.

Abbildung 4: SWR3 Logo mit Maskottchen

Dieses Konzept wird mit der modern geschwungenen drei und dem SWR3-Elch mit Sonnenbrille als Maskottchen umgesetzt. Der Elch ist ein figürliches Markenzeichen, das unbeweglich ist und dem Sender als Sympathieträger und der Emotionalisierung dient. Er sichert die Wiedererkennbarkeit und Präsenz der Marke, da er als visueller Reiz das Hörfunkprogramm ergänzt (vgl. Warsitz 2004: 118ff.).

4.3.2 Verkaufsförderung

Die Verkaufsförderung im Hörfunk unterscheidet sich von dem klassischen Werkzeug kurzfristiger Kaufanreize, da keine physischen Leistungen abgesetzt werden. Vielmehr werden hier Anreize zur Nutzung der Angebote des Senders gegeben, sowohl On-Air als auch Off-Air (vgl. Pezoldt/Sattler 2009: 138; Wirtz 2013: 549). On-Air während des Programms finden sich bei SWR3 Anrufsendungen, bei denen aktuelle Themen diskutiert oder der Programminhalt und die Musik mitbestimmt werden können. Ziel dabei ist die Aktivierung der Hörer und Motivation zum Einschalten. Gleichzeitig wird die Bindung zum Programm gefestigt und ausgebaut, da die Hörer sich als Teil des Teams fühlen. Die wichtigste Off-Air-Maßnahme ist der Radio-Club. Durch eine direkte Verbindung zum einzelnen Hörer besteht eine Form des Direkt-Marketings und die vorhandenen Kundendaten können für Marktforschung genutzt werden. Der SWR3-Club bildet mit 100.000 Mitgliedern den größten Radio-Club Deutschlands (vgl. SWR Media Services 1: 3). Die Hörer erhalten ein Kundenmagazin, eine Mitgliedskarte mit Vergünstigungen für exklusive SWR3-Konzerte und demonstrieren ihre Verbindung zum Sender nach außen. Dadurch lassen sich wiederum neue Hörer gewinnen. Der Club als „institutionalisierte Markenwelt" fördert die Loyalität gegenüber SWR3 und stärkt die Markenbindung und das Image des erlebnisorientierten Senders (vgl. Pezoldt/Sattler 2009: 139; Warsitz 2004: 74; Wirtz 2013: 550). Darüber hinaus nutzt SWR3 weitere

Verkaufsförderungsmaßnahmen, z. B. Plakate und Merchandising-Artikel, welche den Sender für die Hörer präsent und greifbar machen und zusätzliche Erlöse generieren.

4.3.3 Events und Social Media

Während es sich bei den bislang geschilderten Maßnahmen vorwiegend um einseitige „Push-Kommunikation" seitens des Anbieters handelt, lassen sich Events und Social Media Aktivitäten der zweiseitigen „Pull-Kommunikation" zuordnen. Hierbei schafft der Anbieter Interaktionsangebote, über die der Nachfrager selbst mit dem Unternehmen kommunizieren kann. Das Event ist dabei „ein spezielles Ereignis, das multisensitiv vor Ort von ausgewählten Rezipienten erlebt und als Plattform zur Kommunikation... genutzt wird" (Bruhn 2009: 10f.; Bruhn 2013: 464). SWR3 steht mit mehr als 300 Events pro Jahr in direktem Kontakt zu den Hörern. Durch Großprojekte wie „Rock am Ring" oder das „SWR3 New Pop Festival" und Präsenz in den sozialen Netzwerken wird vermehrt die jüngere erlebnisorientierte Zielgruppe angesprochen. SWR3 zählt mit fast 180.000 Facebook-Fans zu den Top sechs Radiosendern in Deutschland und hat mit mehr als 57.000 Hörern nach 1Live die meisten Follower bei Twitter. Der Sender erreicht eine enge Nutzerbindung durch einen kommunikativen und dialogstarken Internetauftritt: mehr als 40 Millionen Page-Impressions pro Monat auf SWR3.de, 100.000 Mitglieder in der SWR3-Community SWR3land.de und 6.000 registrierte Staumelder (vgl. Statista 3/4; SWR Media Services 1: 3; SWR Online 2). Seine Botschaft, Innovationsmotor zu sein vermittelt SWR3 besonders mit dem „New Pop Festival", da hier immer wieder Trends in der Popmusik gesetzt werden und neue, potentialreiche Künstler Konzerte geben. Durch den ungewöhnlichen und sensationellen Festivalcharakter ist es besonders für junge Menschen interessant. Mit einer Vielzahl weiterer Angebote, z. B. dem Übersetzen und Präsentieren von Songtexten durch Schauspieler („SWR3 Live Lyrics") und einer breiten Mischung an Popmusik finden sich jedoch nahezu alle Altersgruppen und Bevölkerungsschichten unter den Zuschauern. Durch die Teilnahme der Baden-Badener Restaurants und Bars mit Abendveranstaltungen wird zusätzlich die Identifikation mit dem lokalen Sendegebiet gestärkt. Dieses Event macht SWR3 in der Öffentlichkeit auch bei neuen Hörern bekannt und erlebbar und sorgt durch ein positives, emotionales Erlebnis für einen Imagetransfer auf den Sender. Authentizität und Emotionalität als Marketingziele werden durch das Vor-Ort-Erlebnis erreicht, welches sich in der Gefühls- und Erfahrungswelt der Teilnehmer verankert. Zusätzlich bietet sich für SWR3 die Gelegenheit weiterer Kommunikationsmaßnahmen durch das Verteilen oder Verkaufen von Merchandise-Artikeln oder Durchführen von Gewinnspielen mit Tickets für eine nachfolgende Veranstaltung des Senders (vgl. Bruhn 2013: 464; Dreßler 2007: 121; Kotler et al. 2007: 785ff.; Pezoldt/Sattler 2009: 141). Viele weitere Events wie die „Elch und weg"-Reisen oder das „Synchron-Grillen" mit Johann Lafer weisen ähnliche Charakteristika auf und stärken das Zusammengehörigkeitsgefühl der Hörer.

4.4 Distributionspolitik

Im Rahmen der Distributionspolitik entscheidet das Hörfunkunternehmen wie seine Leistungen an die Nachfrager herangetragen werden sollen, damit das Angebot am Markt präsent ist (vgl. Pezoldt/Sattler 2009: 155; Wirtz 2013: 547). Die klassische Verbreitung auf terrestrischen Frequenzen wurde um zahlreiche neue Kanäle ergänzt. Dabei führt die zunehmende Verbreitung von Webradios zu einem generellen Anstieg der Radionutzung. SWR3 zählte 2011 mit 3,41 Millionen Audiokontakten zu den vier meistgenutzten Webradiosendern bei Radio.de (vgl. Statista 7; Wirtz 2013: 509). Da die Rezipienten vermehrt Ansprüche an die von Ort und Zeit unabhängige Verfügbarkeit der Programme stellen, bietet SWR3 einige Programmteile als Podcasts an. Der Begriff Podcast setzt sich aus „iPod" und „broadcasting" zusammen. Audio- oder Videodateien können darüber kostenlos heruntergeladen und abonniert werden (vgl. Dreßler 2007: 127). Dies ermöglicht dem Sender die Ansprache neuer Hörergruppen. Seit 2011 sendet SWR3 zusätzlich deutschlandweit digital über Antenne. Dadurch können zusätzliche Leistungen wie Bilder, Daten und Texte zum Audioprogramm gesendet werden. Hinzu kommen eine bessere Klangqualität und die Möglichkeit, einen Rückkanal für interaktive Programme zu nutzen. Das Digitalradio als „Radio Plus" findet großen Anklang in der Hörerschaft: Rund zwei Drittel der Befragten gaben in einer repräsentativen Onlinebefragung an, einen Mehrwert und Spaß bei der Nutzung zu haben. Die Zusatzoptionen werden geschätzt, wenn alte Stärken des Radios wie Empfangsqualität und Nutzerfreundlichkeit erhalten bleiben (vgl. Klingler/Kutteroff 2010: 195ff.; Mediendaten Südwest 5; Pezoldt/Sattler 2009: 165).

Durch die Digitalisierung, die Branchenkonvergenz und das geänderte Nutzungsverhalten der Hörer werden in der Distributionspolitik vermehrt Crossmedia-Strategien eingesetzt. Diese bilden „ein Konzept zur Nutzung von mindestens zwei Medienkanälen zur Vermarktung medialer Produkte" (Wirtz 2013: 837). SWR3 vereint dabei Radio mit

TV und Internet, indem die Programminhalte nicht nur im Radio gesendet, sondern auch über andere Kanäle veröffentlicht werden. Beispielsweise die „SWR3 Latenight Show" wird sowohl im Radio, als auch im SWR-Fernsehen gesendet und zusätzlich im Internet als Video-Podcast bereitgestellt. Im Mai 2014 setzte SWR3 ein weiteres crossmediales Konzept um: das „Synchron-Grillen", Deutschlands einzige interaktive Radio-Grill-Show, wurde erstmals sechs Stunden lang auch live im SWR-Fernsehen übertragen. Zuschauer und Hörer wurden zusätzlich via Facebook, Twitter, Instagram, Mail, Telefon und SMS direkt in das Programm im Fernsehen, Radio und Internet eingebunden. Mehr als 900.000 Menschen aus aller Welt haben bislang teilgenommen. Damit verfolgt SWR3 seine Marketingziele der Innovation, Identifikation mit dem Sender und Authentizität, indem er nah bei den Hörern ist und ein emotionales Erlebnis schafft. Durch die Mehrfachverwertung der Inhalte entstehen Verbundvorteile und Synergieeffekte und somit geringere Marketingkosten. Des Weiteren wird durch die zunehmende Präsenz des Senders die Marke gestärkt und die „The-more-the-more"-Regel umgesetzt, da es eine gegenseitige Verstärkung der Nutzung des einzelnen Mediums durch das andere gibt (vgl. SWR3 Online; Vogelsberg 2006: 365ff.; Wirtz 2013: 840f.).

5 Fazit

Der öffentlich-rechtliche Radiosender SWR3 hat eine große Hörerschaft. Durch seinen Programmauftrag werden hohe Anforderungen an Qualität gestellt; gleichzeitig konkurriert er im dualen Rundfunksystem mit privatwirtschaftlichen Sendern um die Gunst und Akzeptanz der Rezipienten. Dabei wird die Mischfinanzierung aus Haushaltsabgabe und Werbung häufig kritisiert, da sie zu einem ungleichen Wettbewerb führe und die Reichweite als Erfolgsmaßstab mit dem Grundversorgungsauftrag kollidiere. Andererseits wären große Teile der Bevölkerung, welche der öffentlich-rechtliche Hörfunk erreicht, sonst von verbraucherrelevanten Informationen abgeschnitten. Der Gesetzgeber gibt dem öffentlich-rechtlichen Rundfunk bisher eine Bestands- und Entwicklungsgarantie. Wie lange diese gelten wird, kann in dieser Arbeit nicht beurteilt werden. Dazu müsste überprüft werden, ob der privatwirtschaftliche und öffentlich-rechtliche Rundfunk unabhängig funktionsfähig sind. Um Qualität, Vielfalt und Niveau gewährleisten zu können, muss sich auch ein öffentlich-rechtlicher Radiosender an die Gepflogenheiten der am Markt agierenden Unternehmen halten. Dies begründet die Notwendigkeit für Marketingaktivitäten.

Dabei kommen hauptsächlich die operativen Instrumente der Produktpolitik, das „Programmmachen" und der Kommunikationspolitik, das „Programm bekannt machen" zur Anwendung. Wie in der Analyse dargelegt, ist SWR3 in diesen Bereichen erfolgreich. Bei der Programmformatierung wählt der Sender das beliebteste Musikformat AC, ergänzt es jedoch zu einem breiteren Angebot als die privatwirtschaftliche Konkurrenz. Durch Events und soziale Netzwerke kommuniziert SWR3 mit seinen Hörern, stellt eine emotionale Bindung her und sorgt für eine Identifikation mit dem Sender. Dabei wird stets auch auf die Ansprache und Einbindung der jüngeren Zielgruppe geachtet. Als Marketing-Konzept erscheint dies sinnvoll und zukunftssicher, sodass stets neue Hörer nachrücken. Dennoch sollte die Zielgruppe der 30- bis 49-Jährigen nicht vernachlässigt werden. Auch den technologischen Herausforderungen scheint SWR3 mit digitalem Angebot und zunehmend crossmedialen Strategien gewachsen zu sein. Auf veränderte Nutzungspräferenzen wie dem Wunsch nach Individualisierung und aktivem Mitgestalten und den Paradigmenwechsel von Push zu Pull reagiert der Sender längst mit interaktiven Programmen und Events.

Dennoch wird es in Zukunft entscheidend sein, ob SWR3 flexibel, dynamisch und kreativ bleiben und seinem Wunsch gerecht werden kann, als Innovationsmotor wahrgenommen zu werden. Dabei wird Interaktivität und Social Media eine bedeutende Rolle spielen. Des Weiteren darf SWR3 die Markenführung und –pflege nicht vernachlässigen und sollte darauf achten, ein klares, wiedererkennbares und eigenständiges Radioprogramm anzubieten. Zusammenfassend lässt sich festhalten, dass SWR3 sein Marketing-Konzept erfolgreich und wirksam umsetzt und zurecht „Deutschlands meistgehörtes öffentlich-rechtliches Radio" ist.

Literaturverzeichnis

Bruhn, M. (2009): Integrierte Unternehmens- und Markenkommunikation – Strategische Planung und operative Umsetzung, 5. Aufl., Stuttgart 2009.

Bruhn, M. (2013): Kommunikationspolitik – Systematischer Einsatz der Kommunikation für Unternehmen, 7. Aufl., München 2013.

Dreßler, R. (2007): Geschäftsmodelle im Hörfunk, in: Werner, C., Schikora, C. (Hrsg.), Handbuch Medienmanagement – Geschäftsmodelle im TV, Hörfunk, Print und Internet, München 2007, S. 101-134.

Haas, M.H., Frigge, U., Zimmer, G. (1991): Radio-Management – Ein Handbuch für Radio-Journalisten, München 1991.

Heinrich, J. (2010): Medienökonomie – Hörfunk und Fernsehen, 2. Aufl., Bd. 2, Wiesbaden 2010.

Klingler, W., Kutteroff, A. (2010): Radio der Zukunft – Forschungsergebnisse zu Chancen des digitalen Hörfunks – Der Stuttgarter Test, in: Media Perspektiven, 4/2010, S. 195-204.

Kotler, P., Keller, K.L., Bliemel, F. (2007): Marketing-Management – Strategien für wertschaffendes Handeln, 12. Aufl., München 2007.

Markuse, E. (2006): Medienmarketing – Markenbildung am Beispiel des MDR, in: Altendorfer, O., Hilmer, L. (Hrsg.), Medienmanagement – Medienbetriebs- wirtschaftslehre – Marketing, Bd. 3, Wiesbaden 2006, S. 341-358.

Pezoldt, K., Sattler, B. (2009): Medienmarketing, Stuttgart 2009.

Sander, M. (2006): Grundlagen der Betriebswirtschaftslehre, in: Altendorfer, O., Hilmer, L. (Hrsg.), Medienmanagement – Medienbetriebswirtschaftslehre – Marketing, Bd. 3, Wiesbaden 2006, S. 21-50.

Spang, W. (2006): Qualität im Radio – Determinanten der Qualitätsdiskussion im öffentlich-rechtlichen Hörfunk in Deutschland, St. Ingbert 2006.

Vogelsberg, D. (2006): Crossmedia, in: Altendorfer, O., Hilmer, L. (Hrsg.), Medienmanagement – Medienbetriebswirtschaftslehre – Marketing, Bd. 3, Wiesbaden
2006, S. 359-381.

Vollert, K. (2006): Marketing – ein integrierter Ansatz, in: Altendorfer, O., Hilmer, L.
(Hrsg.), Medienmanagement – Medienbetriebswirtschaftslehre – Marketing, Bd. 3,
Wiesbaden 2006, S. 323-339.

Warsitz, M. (2004): Programmmarketing für den öffentlich-rechtlichen Hörfunk:
Rahmenbedingungen, Handlungsmaximen, Chancen, Diss., Baden-Baden 2005.

Wirtz, B.W. (2013): Medien- und Internetmanagement, 8. Aufl., Wiesbaden 2013.

Internet-Quellen

ARD Intern 1: ARD-Radiosender gewinnen deutlich hinzu, http://www.ard.de/home/
intern/ARD_Radiosender_gewinnen_deutlich_hinzu___fast_40_Mio_Hoerer_taegl
ich/816204/index.html, Zugriff am 06.06.2014.

ARD Intern 2: Hörfunknutzung der ARD-Programme, http://www.ard.de/home/intern/
fakten/ard-mediendaten/Hoerfunknutzung_der_ARD_Programme__Mo_Fr_
/409178/index.html, Zugriff am 06.06.14.

Horizont 1: ma 2013 Radio II Top 20 Radioprogramme nach Bruttokontakten,
http://www.horizont.net/charts/pages/find.php, Zugriff am 22.05.2014.

Horizont 2: ma 2013 Radio II Top 5 Gewinner nach Veränderung der Bruttokontakte
gegenüber ma 2013 Radio I, http://www.horizont.net/charts/pages/find.
php?currPage=2&timer=1400752890, Zugriff am 22.05.2014.

Mediendaten Südwest 1: Medien und Freizeit 2014, http://www.mediendaten.de/index.
php?id=mediennutzung-medien-freizeit-d0, Zugriff am 22.05.2014.

Mediendaten Südwest 2: Hördauer in Deutschland im Tagesverlauf 2014, http://www.
mediendaten.de/index.php?id=hoerfunk-hoerdauer-d0, Zugriff am 22.05.2014.

Mediendaten Südwest 3: Tagesreichweite verschiedener Hörfunkprogramme 2013, http://www.mediendaten.de/index.php?id=556, Zugriff am 22.05.2014.

Mediendaten Südwest 4: Tagesreichweite verschiedener Hörfunkprogramme 2014, http://www.mediendaten.de/index.php?id=509, Zugriff am 22.05.2014.

Mediendaten Südwest 5: Studie Radio plus 2, http://www.mediendaten.de/index.php?id=461, Zugriff am 22.05.2014.

Staatsvertrag für Rundfunk und Telemedien (Rundfunkstaatsvertrag - RStV-) vom 31. August 1991, in der Fassung des Fünfzehnten Staatsvertrages zur Änderung rundfunkrechtlicher Staatsverträge vom 15. Bis 21. Dezember 2010, in Kraft seit 1. Januar 2013, http://www.media-perspektiven.de/3922.html, Zugriff am 22.05.2014.

Staatsvertrag über den Südwestrundfunk in der Fassung vom 3. Juli 2013, in Kraft seit 1. Januar 2014, http://www.ard.de/download/534454/SWR_Staatsvertrag__in_der_ Fassung_vom_3_7_2013.pdf, Zugriff am 22.05.2014.

Statista 1: Radio, http://de.statista.com/themen/591/radio/, Zugriff am 21.05.2014.

Statista 2: ma 2014 Radio I Ranking der Top 20 Radioprogramme nach Bruttokontakten, http://de.statista.com/statistik/daten/studie/181460/umfrage/top-20-radioprogramme -in-deutschland/, Zugriff am 21.05.2014.

Statista 3: Top 20 Radiosender nach der Anzahl der Fans bei Facebook, http://de.statista.com/statistik/daten/studie/176747/umfrage/top-20-radiosender-nach-anzahl-der-fans-bei-facebook/, Zugriff am 21.05.2014.

Statista 4: Ranking der Top 10 Radiosender nach der Anzahl der Follower bei Twitter, http://de.statista.com/statistik/daten/studie/176754/umfrage/top-20-radiosender-nach-anzahl-der-follower-bei-twitter/, Zugriff am 21.05.2014.

Statista 5: Ranking der Top 15 reichweitenstärksten Sender bei den 14- bis 29-Jährigen im Jahr 2013, http://de.statista.com/statistik/daten/studie/152667/umfrage/ reichweitenstaerkste-radiosender-bei-14-bis-29-jaehrigen/, Zugriff am 21.05.2014.

Statista 6: Radiosender mit den höchsten Bruttowerbeumsätzen in Deutschland von Januar bis Oktober 2013, http://de.statista.com/statistik/daten/studie/75168/umfrage/ werbeinvestitionen-nach-radiosender-in-deutschland/, Zugriff am 21.05.2014.

Statista 7: Top 10 Sender bei Radio.de im Jahr 2011 nach Anzahl der Audiokontakte, http://de.statista.com/statistik/daten/studie/184674/umfrage/meistgenutzte-webradiosender-bei-radiode/, Zugriff am 21.05.2014.

SWR3 Online: SWR3 Grillparty wird trimedial, http://www.swr3.de/mehr/presse/ SWR3-Grillparty-wird-trimedial/-/id=1925060/did=2492304/1o1omhs/, Zugriff am 26.06.2014.

SWR Media Services 1: SWR3 Mediaprofil 2014, http://www.swrmediaservices.de/ fileadmin/user_upload/pdf/Mediaprofile/SWR3_Mediaprofil_2014_II.pdf, Zugriff am 09.05.2014.

SWR Media Services 2: SWR3 Zielgruppe, http://www.swrmediaservices.de/radio-werbung/swr3/zielgruppe/, Zugriff am 21.05.2014.

SWR Media Services 3: Radiowerbung Allgemeine Geschäftsbedingungen, http://www.swrmediaservices.de/radio-werbung/agbs/, Zugriff am 22.05.2014.

SWR Online 1: SWR-Marketing, http://www.swr.de/unternehmen/marketing/swr-marketing/-/id=10563098/did=10557728/nid=10563098/1n0179z/index.html, Zugriff am 21.05.2014.

SWR Online 2: SWR-Marken, http://www.swr.de/unternehmen/marketing/marken/ swr3/-/id=10617834/did=10521056/nid=10617834/tlpl6b/index.html, Zugriff am 21.05.2014.

SWR Online 3: SWR-Marketingbereiche, http://www.swr.de/unternehmen/marketing/ swr-marketingbreiche/-/id=10563098/did=10591268/nid=10563098/1877cdc/ index.html, Zugriff am 21.05.2014.

SWR Online 4: SWR Media Services, http://www.swr.de/unternehmen/marketing/swr-media-services/-/id=10563098/did=10612802/nid=10563098/ylfl6s/index.html, Zugriff am 21.05.2014.